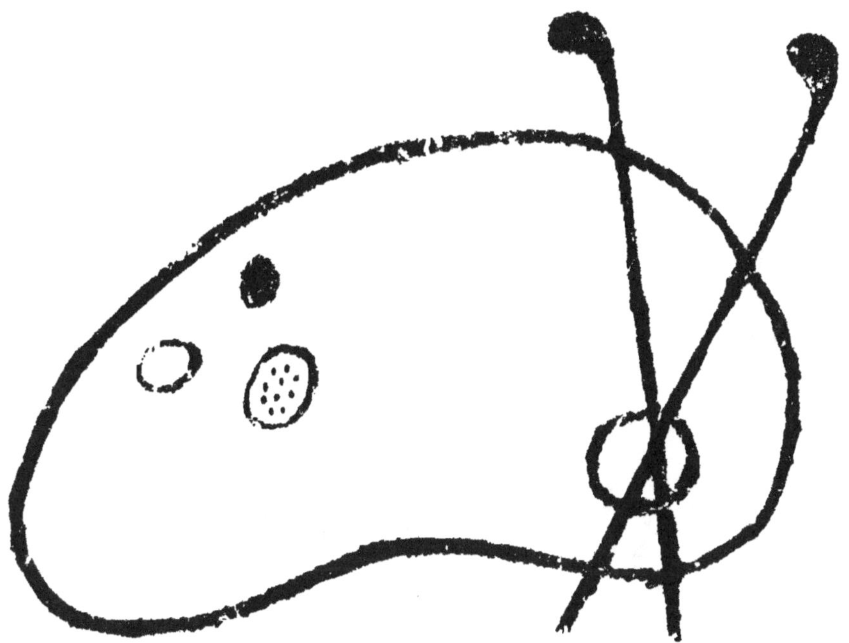

Début d'une série de documents
en couleur

Louis GUIBERT

LA FAMILLE LIMOUSINE D'AUTREFOIS

D'après les Testaments et la Coutume

LIMOGES

Vve DUCOURTIEUX
Rue des Arènes, 7.

LEBLANC
Rue Cruche-d'Or, 3.

— 1883 —

Louis GUIBERT

LA FAMILLE LIMOUSINE D'AUTREFOIS

D'après les Testaments et la Coutume

LIMOGES

Vve DUCOURTIEUX — Rue des Arènes, 7.

LEBLANC — Rue Cruche-d'Or, 3.

— 1883 —

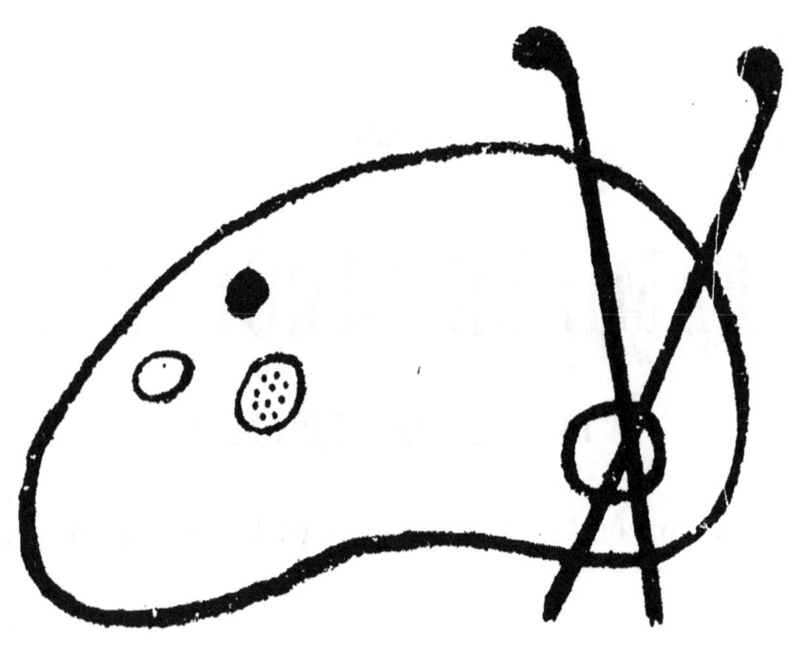

Fin d'une série de documents
en couleur

A Monsieur Léopold Delisle
respectueux & reconnaissant
hommage
L. Guibert

Louis GUIBERT

LA FAMILLE LIMOUSINE D'AUTREFOIS

D'après les Testaments et la Coutume

LIMOGES

Vve DUCOURTIEUX — Rue des Arènes, 7.

LEBLANC — Rue Cruche-d'Or, 3.

— 1883 —

LA
FAMILLE LIMOUSINE
D'AUTREFOIS
D'après les Testaments et la Coutume

Fort peu de gens, au moyen âge, mouraient sans testament. La foi profonde de nos ancêtres, l'inébranlable espérance de leur cœur dans les promesses du Christ, leur rendaient la pensée de la mort moins importune. Du reste, alors même que les méditations du chrétien ne les auraient pas familiarisés avec cette perspective, leur sens pratique les eût portés à l'envisager souvent, d'un regard ferme et de propos délibéré, afin de ne pas être surpris par ses coups et de laisser le moins possible au hasard la disposition de leur fortune, le soin de leurs affaires et surtout l'avenir de la famille bien-aimée qui se pressait autour d'eux (1).

Nous avons signalé, dans une publication récente (2), ce conseil caractérisque, donné à

(1) Nous avons recueilli les notes utilisées au cours de cette étude dans cinq cents testaments environ : 130 dont la date est comprise entre 1223 et 1465 ; 70 ou 80 de 1470 à 1600 ; plus de 300 de 1600 à 1789 : la plupart de ces derniers provenant de la collection de M. le chanoine Tandeau de Marsac ; les autres, des archives départementales, de celles de l'hôpital de Limoges, du Séminaire, etc.

(2) LE LIVRE DE RAISON D'ÉTIENNE BENOIST. Limoges, veuve Ducourtieux, 1882.

ses neveux par un bourgeois de la fin du treizième ou des premières années du quatorzième siècle, et religieusement reproduit, cent ou cent cinquante ans plus tard, avec d'autres avis du même personnage, en tête du livre de raison commencé le 6 septembre 1426 par un membre de la famille : « Tenez votre testament prêt et ayez soin de le refaire chaque année. » — *Que tenhant lour testament fach et que lo refassant chasq'un an.* — Le grand oncle ajoute : « Et confessez-vous souvent. » — Ces deux recommandations s'associent et se complètent. L'une va au père de famille ; l'autre, au chrétien. Tous deux sont invités à mettre ordre à leurs affaires. En règle avec Dieu, en règle avec le monde, l'homme aura fait son devoir : advienne que pourra ! Comment craindre l'avenir quand on tient son âme préparée et son testament tout fraîchement remanié, dans la cassette de la grande armoire ? La mort peut frapper ; elle ne saurait surprendre : sa visite est attendue.

I.

Cette habitude de pourvoir en bonne santé à la redoutable éventualité qui chaque jour menace l'homme, était commune chez notre vieille bourgeoisie limousine. Du treizième au dix-huitième siècle, beaucoup de testaments constatent que leur auteur n'est nullement contraint par la maladie de prendre ses dispositions pour le jour où il ne sera plus. — « Au nom du Père, du Fils et du Saint-Esprit. « Moi, N... sain de corps et d'esprit, sans tris-

« lesse et en pleine possession de moi-même, ai arrêté comme suit mes dernières volontés.... » Telle est la formule que nous avons cent fois rencontrée au début d'actes de ce genre. Le latin dit plus et dit mieux : *Sanus et hilaris, et bene compos mentis*. Il affirme une sorte de bonne humeur, tout au moins de satisfaction, la satisfaction que donne un grand devoir accompli. Pourquoi s'affliger d'ailleurs quand on pourvoit au sort d'êtres chéris, qu'on travaille à leur tranquillité, à leur bonheur, et qu'on cherche à prolonger au delà de la vie la sollicitude dont on les entoure au foyer ?

Aux dix-septième et dix-huitième siècles, la formule a changé. C'est, à ce qu'il semble, d'un œil moins ferme que le père de famille regarde la mort. On le trouve résigné, mais non sans mélancolie. Le mot *hilaris*, que nous avons fréquemment rencontré, n'est plus de mise et ne se lit plus dans les testaments. Beaucoup de ces derniers, toutefois, constatent que le testateur est en parfaite santé, et la plupart mentionnent qu'il s'est recueilli devant Dieu, et retiré « seul dans sa chambre », en face de lui-même et à l'abri de toute influence extérieure pour arrêter ses dernières dispositions.

Un grand nombre de testaments ont été conservés et sont ensevelis dans la vénérable poussière des divers dépôts d'archives qui existent à Limoges, où il nous est donné chaque jour d'en étudier de nouveaux. On en trouve surtout dans les fonds de nos vieux monastères et de nos établissements de charité. Ces actes, dont les plus anciens remontent aux premières années du treizième siècle, offrent tous un plan à peu près uniforme. Après une invocation pieuse et une phrase sur la brièveté de l'existence, l'incertitude de la mort, les récompenses et les peines de l'éternité, le testateur donne ses instructions, parfois très détaillées, au sujet de sa sépulture. Il témoigne ordinairement le désir d'être inhumé dans le tombeau de sa famille. Presque toutes les vieilles races bourgeoises du pays devaient à des libéralités que renouvelait chaque génération, le privilège d'avoir leur lieu de sépulture, leur « vase », comme on disait encore au seizième siècle, dans une de nos églises paroissiales (1), beaucoup dans une chapelle particulière de cette église, chapelle construite par un ascendant, et où un ou plusieurs prêtres attitrés, choisis de préférence parmi les membres de la famille, à leur défaut parmi les clercs ayant reçu le baptême dans la paroisse, célébraient à certains anniversaires, à des jours déterminés de la semaine, parfois même tous les jours, une messe aux intentions des fondateurs ou pour le repos de leur âme.

Il n'y avait pas que les riches, qui fissent

(1) La plupart des vieilles familles du Château de Limoges avaient au 17e siècle leur sépulture à Saint-Pierre-du-Queyroix ; mentionnons les Boyol, les Maleden, les Sarrazin, les Jayat, les Verthamon, les Descordes, les Grégoire, les Goudin, les Dalesme, les Benoist, les Disnematin, les de Beaubreuil, les Gadaud, les Boisse, les Farne, les Mandat, les David, les Dupin, les Vidaud, les Lafosse, les Maupie, les Pinot, les Moulinier, les Guibert, les Garat. Les Du Boys, les Baillot, les Colomb, étaient inhumés à Saint-Martial ; les Labiche et une branche des Romanet à Saint-Maurice, les Lamy à la Cathédrale ; une branche des Maupie et les Pouyat à Saint-Michel, les Nicolas aux Jacobins, etc., etc.

des fondations de cette espèce. On voit, dans les listes des bienfaiteurs de chaque église données par nos anciens *Pouillés*, des artisans, de simples journaliers, figurer à côté de cardinaux, d'évêques et de grands seigneurs. Ainsi un cordonnier, Pierre Chinchaud, originaire d'Eymoutiers, avait fondé en 1468 à St-Etienne de Limoges une vicairie « pour un clerc de son nom. » En 1514, Jean Teulier, tailleur, et Marguerite de la Faye, sa femme, exécutant les volontés du père de cette dernière, feu Martial de la Faye, dit Rivet, « boulanger et manouvrier, » constituèrent la rente nécessaire à l'établissement d'une vicairie dont le titulaire devait, comme le dit Rivet, être membre de la confrérie de la Sainte-Vierge, existant dans la chapelle de l'hôpital de Saint-Martial. En 1491, Jacques de Montgeorges, tailleur ; en 1562, Jean du Pont dit Pichotte, cloutier, fondèrent des vicairies à St-Pierre du Queyroix.

Plusieurs testaments mentionnent des legs faits au clergé de la paroisse à la condition que celui-ci, lors de certaines processions, s'arrêtera un instant devant la maison de la famille — *ante hospitium paternum.* — Ainsi, en 1389, Adémar de Solignac ordonne que les prêtres communalistes de Saint-Pierre du Queyroix devront chaque année, à la procession de la Nativité de la Sainte Vierge, 8 septembre, faire une station devant sa maison, tourner de ce côté la statue de Notre-Dame et chanter en l'honneur de celle-ci une antienne suivie d'une oraison.

Rien n'est plus curieux que certaines clauses

de cette partie des testaments. Le nombre des prêtres qui doivent assister aux funérailles, la somme à leur distribuer, le luminaire à la maison et à l'église, la valeur du drap qui recouvrira le corps, l'usage auquel sera ensuite affecté ce drap, sont l'objet de minutieuses dispositions. Puis cette phrase se rencontre partout, dans les testaments des femmes comme dans ceux des hommes : « Je veux qu'on prenne, sur mes biens, de quoi payer mes dettes. » Cette recommandation faite, le testateur fixe la somme qu'il entend distraire de son hérédité pour des bonnes œuvres et en règle l'emploi avec force détails : — tant à telle confrérie dont il est membre ; tant aux prisonniers qui seront détenus, au jour de son décès, dans les diverses geôles de la Cité et du Château (il y avait à Limoges deux villes distinctes) ; tant aux hôpitaux, pour un repas composé d'aliments déterminés, à servir aux pauvres et aux lépreux, quelquefois à leur fournir chaque année le jour anniversaire de la mort du testateur ; tant aux couvents, non seulement de la ville, mais des environs ; tant à la fabrique (*edificio*) de telle église ; tant à distribuer en aumônes lors de la veillée du corps, le jour des funérailles, le jour du service de septaine ou de l'anniversaire, etc., etc.

A cet égard, certains testaments de veuves sont particulièrement explicites et intéressants : il convient de mentionner d'une façon toute spéciale, dans cette catégorie, celui d'une riche bourgeoise du nom d'Almodie, veuve de Pierre des Chassaignes, dit le Sage, *Lo Savy*, plus connue sous le nom de *La Moytine*, et dont les dernières volontés, consignées dans un acte du mois de février 1405, mériteraient comme celles de son mari d'être publiées *in extenso*.

II.

Dans cette partie des actes qui nous occupent, se rencontrent souvent des renseignements d'un grand prix pour l'archéologie et l'histoire locales : la mention de l'établissement d'un couvent, d'une confrérie, d'une œuvre de piété ou de charité ; celle de la construction ou de la réparation d'une église ou d'une chapelle ; le souvenir d'un pèlerinage ; parfois aussi des indi ations d'un tout autre genre : des notes, par exemple, sur nos relations commerciales, qu'on relève à propos de traits curieux de probité ou de repentir. C'est ainsi que le testament d'un marchand du nom de Gérald Brunaud renferme des dispositions de nature à éveiller tont particulièrement la curiosité. Dans cette pièce, qui est datée du 29 mars 1270, le négociant qui a certaines choses à se reprocher, soit au sujet de la quantité, soit au sujet de la qualité des marchandises livrées à ses correspondants et clients, a écrit ces lignes caractéristiques: « Je lègue à « Aimeric du Puits, bourgeois de La Rochelle, » vingt sols à titre d'indemnité, *pro emenda* » (1) ; — aux enfants mineurs de feu Jeannin

(1) Il nous semble impossible de comprendre autrement ce passage. S'il s'était agi d'une simple balance de compte, d'un simple solde dû sur un compte courant à ces diverses personnes, il est bien évident que le négociant, qui teste en parfaite santé, n'aurait pas fait figurer ici ces sommes.

» de Marthon, cinq sols, également à titre » d'indemnité ; à Pierre Raynaud, de La » Rochelle, vingt sols au même titre ; aux » enfants de Jean d'Angers, vingt sols au » même titre ; aux héritiers de maître André » Pytacolas, de Tours, vingt sols au même » titre. J'ai une autre restitution de dix sols à » faire, mais ne sachant au juste à qui il fau- » drait verser cette somme (1), je désire qu'on » l'emploie a doter une fille pauvre. Aux héri » tiers de feu Aymeric Poitevin, prêtre, il sera » restitué jusqu'à concurrence de cent sols. » Enfin on paiera, aussi à titre d'indemnité ou » de restitution, trente sols aux personnes » pour le compte desquelles Faidit, bourgeois » d'Eymoutiers, m'a acheté deux charges de » poivre (2). »

Le sol vaut, à cette époque, un franc environ de notre monnaie ; la livre, un peu plus de vingt francs, cent un à cent vingt et un francs d'aujourd'hui (la livre de monnaie limousine est équivalente, au commencement du quatorzième siècle, à la livre de monnaie tournoise (3) : il est probable que la même parité a existé trente ou quarante ans plus tôt).

Ainsi, en se recueillant pour paraître devant Dieu, ou même à la seule évocation de la pensée de la mort, le chrétien se remémorait ses fautes de tout ordre, même celles qui auraient dû, semble-t-il, le frapper le moins,

(1 et 2) Ces dernières dispositions nous semblent confirmer notre traduction du mot EMENDA.

(3) Historiens de France, t. 21, pages 556, 557.

et voulait que tout dommage causé par lui au prochain fût réparé par ses héritiers, si la mort ne lui laissait le temps d'y pourvoir lui-même. Nous avons cité tout le passage du testament de Gérald Brunaud, qui nous a paru des plus curieux. D'autres testaments des deux siècles suivants renferment des recommandations identiques ou du moins dictées par la même inspiration. L'un d'eux, daté de 1431, contient l'ordre exprès aux exécuteurs testamentaires, de payer les frais d'un procès injuste, soutenu contre un voisin et de satisfaire aux réclamations de ce dernier. Beaucoup de personnes accordent remise à leurs débiteurs de tout ou partie du montant de leurs créances. C'est même sous cette forme que les marchands font la plupart de leurs legs charitables.

Les exécuteurs testamentaires qui n'ont pu s'acquitter de leur mandat, chargent des parents ou des amis de remplir, en leur lieu et place, les volontés dont l'exécution leur a été confiée. Les administrateurs des hôpitaux font un legs aux établissements dont la gestion leur a été confiée, afin de « réparer leurs négligences. »

Ainsi fait en 1630, un membre de la famille Benoist.

L'esprit municipal et le dévouement aux intérêts de la Commune sont fort développés au moyen âge. Préoccupé surtout, au moment où il arrête ses dernières dispositions, de l'avenir de sa famille et de son salut éternel, le testateur a neanmoins une pensée pour le corps de bourgeoisie auquel il appartient.

Nous voyons, par exemple, le marchand dont nous parlions tout à l'heure, Gérald Brunaud, léguer une petite somme pour contribuer au rachat de la fontaine du Tourondeau (1). Cent ans plus tard, en 1362, un autre bourgeois, Barthélemy Raynaud, dispose qu'après la mort de sa mère, sa maison deviendra la propriété des « seigneurs consuls » du Château de Limoges. Il leur lègue cet immeuble « pour « y tenir et faire, si bon leur semble, l'office « du consulat et les assemblées de ville, ou « pour l'affecter à tout autre service public. »

En 1429, Poncet Reynier laisse une petite somme pour contribuer à la reconstruction ou à la réparation des murailles de la ville, — *edificio murorum castri.*

Le même esprit a dicté des legs d'une autre espèce. Souvent, au treizième siècle surtout, le bourgeois charge les magistrats municipaux de la distribution de certaines aumônes, et leur laisse une rente pour y subvenir. Beaucoup de testaments renferment des legs de ce genre. Le produit de ces libéralités était distribué deux fois par an, en argent ou en aliments, aux pauvres de la ville par les consuls. Ces aumônes, dont l'origine paraît remonter au grand mouvement de ferveur et de charité qui suivit immédiatement les Croisades, furent surtout connues sous le nom d'*Aumônes-Ste-Croix* et de *Pains de Noël.*

La dernière partie des testaments est consa-

(1) Le Tourondeau était placé près du chemin qui conduisait des Carmes des Arènes à Saint-Gérald, à peu de distance de Saint-Cessateur. Peut-être la fontaine de ce nom est-elle la même que la fontaine St-Cessateur.

crée à la désignation des exécuteurs testamentaires et au règlement des affaires d'intérêt et de famille. Cette partie est, à notre avis, de beaucoup la plus intéressante et la plus digne d'être étudiée.

III

Aucune catégorie de documents, en effet, ne nous fournit des indications aussi précieuses que les testaments sur les mœurs d'autrefois et nous ne connaissons pas de source d'information historique plus abondante et plus sûre pour tout ce qui se rapporte à la vie de famille, au partage du patrimoine, aux arrangements d'intérieur, et, faut-il ajouter, à l'évaluation des fortunes individuelles, à l'état somptuaire et à certains usages locaux. Aux testaments, en un mot, nous devons la meilleure part des traits à l'aide desquels nous arrivons à reconstituer la physionomie de l'ancienne famille féodale ou bourgeoise : c'est presque tout un ; car si la vie extérieure du noble est, le plus souvent, fort différente de celle de l'artisan des cités, au foyer l'une et l'autre ont une grande ressemblance. Nous parlons ici, bien entendu, de la petite féodalité, de la noblesse de campagne ou de ville dont les représentants, malgré leurs privilèges, ne jouissent en somme, à partir du douzième siècle tout au moins, ni de plus de sécurité, ni de plus d'aisance, ni de plus de liberté qu'un membre quelconque d'une Commune bourgeoise fortement organisée.

Nous ne relevons, pour ainsi dire, aucune différence entre les testaments de nos bourgeois de Limoges aux treizième et quatorzième siècles et ceux, par exemple, des chevaliers qui, à cette époque, possèdent l'importante forteresse de Châlucet, à trois lieues environ de la ville. Ce sont les mêmes idées, les mêmes préoccupations, les mêmes sollicitudes. C'est à des milieux identiques que s'appliquent les dispositions des uns et des autres et les jours qui nous sont ouverts sur ces foyers qu'on se plaît à représenter si dissemblables, nous les montrent, au total, très peu différents. Non seulement les hommes sont les mêmes, mais les règles de la vie, les habitudes, la fortune, l'alimentation, le mobilier : encore la maison du bourgeois, si on y regarde bien, offre-t-elle souvent plus de confortable que celle du gentilhomme. Au surplus, celui-ci et celui-là se trouvent sans cesse en contact. Les mariages entre le petit seigneur et la riche bourgeoise, entre la fille médiocrement dotée du hobereau et l'héritier du marchand aisé du bourg voisin, ne sont pas rares dans la seconde partie du moyen âge.

Plusieurs habitants des villes industrieuses qui entourent Limoges ont, dès le douzième siècle, des alliances avec des nobles du canton. Au treizième, la chose semble devenir presque commune. Un chevalier, appartenant précisément à la famille des maîtres de Châlucet, Pierre de Jaunhac, est, en 1247, le mari de Valérie, sœur d'un négociant de Limoges, Pierre Aymeric ; un autre chevalier, Roger de Grandmont, accepte, en 1259, le rôle modeste de baile (*bajulus*) ou régisseur (1) des domai-

(1) Le titre de baile à cette époque emporte en général la

nes de son beau-père, Bernard Costet, simple bourgeois de Peyrat. Raymond du Puy, damoiseau, épouse, en 1285, Alaïde, fille d'un habitant de Saint-Junien. Au siècle suivant, nous voyons Galharde, fille de Constantin Marchès, chevalier de Noblat-Saint-Léonard, prendre pour mari Jean Marteau, bourgeois de Limoges ; plus tard encore, Germaine, fille de feu noble homme seigneur Gérald Las Molhieyras, épouse un bourgeois de la même ville et marie, en 1416, ses deux filles à des marchands : Hugues Guibert et Mathieu Bayard. On trouverait sans peine d'autres exemples à citer. Mais un phénomène vraiment remarquable dans cet ordre d'idées, c'est la fusion, à la fin du treizième et au cours du quatorzième siècle, dans la bourgeoisie de Limoges, d'un certain nombre de familles de petite noblesse, tirant leur origine des anciens vigiers ou officiers de justice du vicomte et que l'on voit perdre peu à peu ou aliéner leurs droits féodaux, se laisser absorber par les fortes races bourgeoises qui les entourent et s'assimiler à elles d'une façon si intime qu'au bout de quelque temps il est devenu impossible de les en distinguer. Ce n'est pas ici le lieu d'insister sur ce côté, si intéressant pourtant, de l'état social du vrai moyen âge, qui, regardé à travers les souvenirs et les idées de la période immédiatement antérieure à la Révolution, apparaît au public sous un jour si faux.

possession, par abandon du seigneur, de certaines redevances féodales. Le mot de régisseur n'est évidemment pas un équivalent exact.

IV

La famille limousine a toujours été citée comme un modèle d'union, de discipline, de qualités domestiques. Elle offre le type accompli du foyer bourgeois. Le tempérament du pays, peu porté à l'enthousiasme, à la rêverie, aux grandes passions, est favorable à la régularité des mœurs, à l'usage raisonnable de la vie et au développement des vertus moyennes. La contrée a produit peu de génies éclatants, mais beaucoup de talents recommandables, d'esprits studieux, d'honorables caractères, de savants estimés, d'administrateurs de premier ordre, de bons jurisconsultes, de bons négociants, de bons soldats. La raison parle plus haut que l'imagination, sous ce ciel froid et brumeux, sur cette terre dure et pauvre. La nature a peu fait pour la fortune du Limousin : il doit son aisance à son travail, à sa volonté, à sa constance surtout et à son dédain des futilités du luxe. Les hommes sont laborieux plutôt qu'actifs : la nécessité les rend industrieux. Les femmes sont simples, modestes, chastes, économes. Tels apparaissent les habitants de la province, et ceux de Limoges en particulier, aux anciens voyageurs et aux historiens. Tels on les retrouverait encore, sans beaucoup de peine, sous le vernis de frivolité et les apparences de morale plus facile que les mœurs modernes ont jetées sur le type indestructible de la race.

L'autorité du père domine tous les actes de la vie du foyer et s'étend au dehors sur la personne et sur les biens des enfants. Le chef de famille dispose en maître de ceux-ci comme de celle-là. Les ménages sont nombreux et une forte discipline est nécessaire dans des maisons où vingt ou trente personnes, appartenant à trois ou quatre générations, s'asseoient chaque jour à la table commune. Les enfants ne parlent de leurs ascendants qu'avec des formules respectueuses. Au quinzième siècle, Etienne Benoist, un des notables de la ville, plusieurs fois honoré de la magistrature consulaire, âgé de plus de soixante ans et chef d'une nombreuse famille, ne nomme jamais ses parents ou ceux de sa femme sans faire accompagner leur nom du titre de « monseigneur » ou de « madame ».

Le père de famille, avons-nous dit, règle en maître absolu le sort des personnes. Nous citerons à cet égard deux exemples empruntés aux testaments d'une même famille, celle des Marteau, une des plus riches et des plus considérées de notre ville au moyen âge.

En 1350, Bernard Marteau écrit : « — Je veux que Guillaume, mon fils légitime, entre » en religion, et si ma femme, lors de mon dé» cès, se trouve être grosse et accouche d'un » enfant mâle, j'entends que celui-ci soit aus» si consacré à Dieu (1). » Et ce n'est pas là un simple vœu du père, auquel il laisse son fils libre de ne pas se conformer, si sa vocation le porte vers un autre emploi de sa vie. Ecoutez Pierre Marteau, réglant, en 1275, la destinée des neuf ou dix enfants que le Ciel lui a don-

(1) On trouve souvent la même recommandation en ce qui concerne les enfants posthumes. Il semble que ce fût un usage de les consacrer à l'Eglise.

nés et dont il entend que six au moins soient voués à la vie religieuse :

« Je veux et ordonne que Pierre, mon fils le » dernier né, soit moine, et je lui lègue une » somme de vingt livres (1) pour entrer en re- » ligion. J'en lègue autant à mon fils Élie pour » le même objet, voulant que lui aussi soit » moine. Je lègue également vingt livres à mon » fils Thomas pour les frais de son entrée en » religion. Je veux que ma fille Lucie soit re- » ligieuse... Je veux que ma fille Plaisance « entre au couvent. »

Si ses enfants ne se conforment pas à ces intentions, le testateur charge sa veuve et ses exécuteurs testamentaires de réduire les legs qui leur sont attribués.

Rien n'est plus fréquent, dans les testaments du moyen âge, que l'expression de volontés semblables, et très souvent on trouve la sanction formulée à côté de l'ordre paternel. A partir du quinzième siècle, les clauses de ce genre deviennent de plus en plus rares, et au dix-septième on n'en rencontre pour ainsi dire plus.

Ne jugeons pas de tels faits avec nos idées modernes ; elles nous porteraient à considérer cet exercice de l'autorité paternelle comme une insupportable tyrannie. Dans les âges de foi, les enfants destinés à l'état ecclésiastique ou monastique, n'étaient nullement considérés comme sacrifiés: cela est si vrai qu'à une époque rapprochée de nous et où pourtant la ferveur religieuse avait déjà diminué, c'était l'aîné que,

(1) 400 fr. de notre monnaie, soit 2,000 à 2,400 fr. d'aujourd'hui.

dans quelques familles, on consacrait à Dieu de préférence. M. l'abbé Tandeau de Marsac, chanoine de Limoges, nous a cité un remarquable exemple de ce fait, pris dans la sienne propre. Les enfants destinés à entrer en religion étaient du reste préparés de bonne heure, par l'éducation qu'ils recevaient, à l'existence du couvent. Souvent leurs parents les plaçaient dès l'âge le plus tendre auprès d'un oncle prêtre ou les *donnaient* à un monastère où ils étaient élevés en commun à peu près comme les enfants de troupe sont élevés aujourd'hui à la caserne. Cela n'empêchait pas les familles de les doter et de faire des libéralités au couvent.

Nous sommes aujourd'hui pénétrés de l'évidence de ce prétendu axiôme que l'individu est tout et que la famille n'est qu'un rouage accessoire subordonné à l'intérêt de celui-ci, une institution simplement destinée à favoriser le développement de l'homme, — rien de plus : un nid de quelques années, qui pourra ensuite rester vide et froid. Aussi de notre temps, le père s'occupe-t-il beaucoup de chacun de ses enfants en particulier, sans qu'aucune idée d'ensemble règle d'ordinaire son plan d'éducation et ses dispositions testamentaires. Il n'en était pas de même autrefois ; on trouve, dans les monuments anciens de la vie familiale, moins de préoccupations individuelles, mais une sollicitude constante, énergique, sans cesse affirmée, pour la conservation de la race, pour ses intérêts généraux et permanents. Pour qui sait la reconnaître et veut se donner la peine d'en étudier les manifestations, cette sollicitude du chef de la famille, malgré certaines duretés apparentes, ne renferme en somme pas moins de tendresse ; mais son amour paternel est en quelque sorte un sentiment collectif et objectivement impersonnel. Ce n'est pas tel ou tel enfant, ou même l'ensemble de ses enfants que considère le maître du foyer : c'est la famille elle-même dans son existence, dans sa continuité et dans son avenir.

V.

L'obéissance était le devoir de l'enfant. Pour être, dans sa sanction, moins dure que la loi de l'antiquité et que celle de Rome en particulier, la loi du moyen âge chrétien n'avait rien diminué de l'autorité morale du père de famille. S'il n'était plus le prêtre du foyer, il en était resté le roi. Même après sa majorité, le fils ne pouvait quitter la maison paternelle sans le consentement exprès de ses parents ; s'il venait à abandonner le foyer, ou à mériter d'en être chassé, tous les gains qu'il parvenait à réaliser par son travail ou son industrie, durant la vie tout entière du père, étaient acquis à la masse du patrimoine. Et il en était ainsi tant que le chef de famille n'avait pas émancipé ce fils, en le dotant et en lui laissant, avec la libre disposition de sa *pegulhieyra*, celle des biens qu'il y saurait ajouter. Les gains de l'enfant ou ses salaires, même dans un âge avancé, ne lui appartenaient en propre qu'autant que le chef de famille lui en avait fait don, —*si lo pair no l'en avia faih do*. C'est l'expression de la Coutume dans la plus ancienne de ses codifications qui nous ait été conservée, le texte de nos *Registres consulaires*, daté de 1212 (1).

Ainsi, à l'exception de la dot de sa femme, que le père recevait du reste au nom de son fils et administrait, à ce qu'il semble, pour le jeune ménage, le fils ne possédait rien que du consentement exprès de celui-ci, et par son don formel.

Il faut ajouter que le père avait le droit de chasser l'enfant sans lui assurer aucune provision : il ne lui devait pas même les aliments et n'encourait pas de responsabilité à raison des dettes que celui-ci pouvait contracter.

Aussi l'émancipation était-elle considérée comme un des actes les plus graves de la vie civile et de tout temps prit-on soin de l'entourer de formes solennelles de nature à donner une haute idée de son importance. En 1250, c'est en présence des consuls que le chef de famille déclare qu'il affranchit son fils de l'autorité paternelle et qu'il n'est plus ni le seigneur ni le répondant de l'enfant. Plus tard c'est devant le juge du vicomte ou du consulat que le père pose la main sur la tête de son fils agenouillé devant lui, prend les mains jointes du jeune homme et les ouvre en prononçant la formule consacrée.

Ces rites si remarquables n'avaient été en

(1) Etienne Guibert, dans son Commentaire sur la Coutume de Limoges, nous apprend que l'usage avait introduit un adoucissement dans la pratique, et que, après dix ans de séparation, les gains et salaires de l'enfant vivant hors de la maison paternelle étaient considérés comme lui appartenant.

rien modifiés par l'esprit moderne. En pleine période révolutionnaire, le 12 juin 1792, un procès-verbal nous fait assister à l'émancipation de Pierre Chapoulaud fils, curé de Bazoches-en-Gâtinais. La scène se passe dans la maison de Pierre Chapoulaud père, imprimeur à Limoges, au domicile duquel, vu son état d'infirmité, s'est transporté un juge du tribunal du district. Le fils, qui est alors âgé de *quarante-sept ans*, se met « à genoux, les mains jointes, » et prie son père de l'émanciper « afin qu'il puisse traiter dans ses affaires comme une personne libre et indépendante. » Le vieillard déclare consentir à ce que son fils soit désormais affranchi de l'autorité paternelle : « en signe de laquelle émancipation, le père a relevé son fils de terre et lui a disjoint les mains. »

Le père administrait sans contrôle la fortune de la famille, réglait son emploi et était maître absolu de la répartition des biens entre les enfants ; mais il n'était pas libre d'en disposer en faveur d'étrangers. Ici encore la coutume avait posé des bornes à l'autorité paternelle telle que l'avait conçue le législateur de l'antiquité. On ne l'a pas assez remarqué : l'intérêt de la famille est, avec l'intérêt de la commune, un des principes inspirateurs des coutumes du moyen âge. — Alors que nos lois modernes accusent la tendance,de plus en plus exagérée, de tout sacrifier au développement des facultés et des droits de l'individu d'un côté, à l'extension indéfinie des attributions du Gouvernement et des prérogatives de l'Etat de l'autre, le code traditionnel s'attachait à assurer la vie, l'action et l'indépendance des groupes spéciaux intermédiaires. Nos ancêtres pensaient avec raison que dans la force de ces groupes résidait la plus grande garantie du citoyen : la faiblesse croissante de l'individu désarmé en face de l'Etat moderne, démesurément grandi et fortifié, prouve qu'ils étaient dans la vérité.

—« Le père de famille peut, ses dettes payées, disposer à sa volonté du tiers de son patrimoine et [de la totalité] de ses acquêts, qu'il ait ou » non des enfants. » *Lo prosdom, sos debtes essos clams paiatz, pot penre lo terz de son eret essos conquist assa volontat, aia efans o no aia*, — tel est le texte de l'un des paragraphes formant le premier article des Coutumes de Limoges dans leur forme la plus ancienne. Ainsi la quotité disponible, comme on dirait aujourd'hui, est du tiers, qu'il y ait des enfants ou non et quel que soit le nombre de ces derniers. Ajoutons bien vite que les libéralités faites dans les testaments aux églises, hôpitaux couvents ou aux personnes étrangères à la famille ne nous ont presque jamais paru non seulement atteindre cette proportion, mais même en approcher.

Cette réserve faite, toute liberté était laissée au père, qui avait droit de déshériter complètement l'enfant indigne ; car la *légitime* pouvait se réduire à une somme dérisoire. — Usait-il de ce droit ? Dans des circonstances exceptionnelles tout au plus. Nous n'avons jamais, en ce qui nous concerne, rencontré un seul exemple d'exhérédation en ligne directe et il nous est permis de joindre sur ce point notre témoignage à celui des écrivains les plus autorisés qui ont étudié la famille d'autrefois. Un seul fait de ce genre nous a été signalé : il remonte à la fin du dix-septième ou au commencement du dix-huitième siècle. L'enfant déshérité avait abandonné le foyer, renié pour ainsi dire ses parents, s'était enrôlé et courait le monde (1) Ce qu'on trouve quelquefois, c'est la substitution d'un petit-fils à un fils : mais les raisons de cette substitution nous échappent presque toujours et dans ce cas la lignée, en somme, ne perd rien.

Plusieurs testaments rappellent avec tristesse l'ingratitude ou la mauvaise conduite d'un enfant dénaturé; l'un de ces documents nous fait même assister à une scène odieuse de brutalité. Marie *de Setinio*, veuve de Pierre Pouzy, étant sur le point de mourir en 1347, énumère les mauvais traitements qu'elle a eu à subir de la part de son fils : celui-ci ne s'est pas contenté de lui refuser le paiement de son douaire et de lui arracher sa nourriture des mains ; il a, un jour, violemment enlevé l'escabeau sur lequel elle était assise et l'a précipitée à terre. . . . . Cependant la tendresse naturelle de la mère l'emporte : « Pour ses mauvaises actions, « Dieu les lui pardonne ! il mériterait d'être « deshérité; mais l'amour maternel parle et je « lui laisse une portion de mes biens. »

D'ordinaire, les griefs contre l'enfant ingrat sont indiqués d'une manière plus discrète. On comprend à quels mobiles obéit le testateur en

(1) Nous en avons trouvé un autre exemple daté de la fin du 17e siècle ; mais un testament subséquent annulle le premier et rend au fils déshérité sa part de l'héritage paternel.

voilant les fautes d'un des siens. Si le père de famille y fait allusion dans son testament, c'est simplement pour rappeler au coupable qu'en face de la mort, il s'est souvenu de sa conduite, et éveiller chez lui le repentir de ses mauvaises actions.

VI

Platon, s'adressant à un personnage qui réclame la faculté de disposer de son patrimoine, lui tient un langage remarquable : — « Passant d'un jour, t'appartient-il de décider de telles affaires ? Tu n'es le maître ni de tes biens ni de toi-même. Ta personne, ta fortune, tout cela appartient à ta famille : à tes ancêtres et à tes descendants » (1).

Assurément nos bourgeois du Moyen âge n'avaient lu ni le *Traité des Lois*, ni celui de *La République*. Il nous est pourtant arrivé plus d'une fois de nous remémorer ces paroles du « divin » sage, en constatant combien la pensée qu'elles traduisent a d'analogie avec l'idée dominante des anciens documents de la vie familiale. C'est que la Coutume a des racines profondes et que les vieilles lois de l'organisation du foyer sont antérieures aux institutions civiles. Or, le testament n'est, après tout, qu'une dérogation, autorisée par la loi, à la Coutume primitive.

C'est donc surtout le bien et la prospérité de la famille, on ne saurait trop le répéter, et non l'avantage d'un des enfants, que le père a en

(3) Il s'agit ici, bien entendu, de la liberté de choisir un héritier en dehors de la famille ; ce qui était également réprouvé, dans l'antiquité, par la coutume et par la religion.

vue en instituant un héritier universel. Il faut un héritier parce que la famille, comme toute société, a besoin d'un centre et d'une direction. Est-ce toujours l'aîné sur qui s'arrête le choix du père ? Il paraît en être le plus souvent ainsi ; mais on rencontre des exceptions. L'usage, tout naturel d'ailleurs, de charger le plus âgé des enfants de remplir, à la mort du chef de famille, la haute et difficile mission dévolue à ce dernier, n'infirme en rien le droit que le père tient de la tradition et de la loi, de choisir son successeur et de distribuer ses biens comme il l'entend.

Il résulte d'un certain nombre d'exemples (nous en avons relevé quatorze sur cent vingt-cinq à cent trente testaments compris entre les dates extrêmes de 1223 et 1465, et dont nos notes nous fournissent des extraits), qu'assez souvent le père de famille, à Limoges, instituait deux héritiers à titre universel, à qui il confiait le patrimoine et qui devaient, pendant un certain temps au moins, le conserver indivis — *in communi*, c'est l'expression consacrée. En 1270, Gérald Brunaud désigne pour ses héritiers *in communi* deux de ses enfants : Pierre et Jean ; et prévoyant le cas où l'un d'eux mourrait sans postérité, déclare lui substituer un autre fils, Bernard ; si les deux héritiers institués décèdent l'un et l'autre sans enfants, la succession sera dévolue aux autres fils du testateur, à l'exclusion toutefois de Gérald, qui est destiné à l'Eglise. On voit que le père n'entend pas que sa fortune passe à un monastère. — Pierre Marteau, en 1275, institue pour ses héritiers ses deux fils, Jean et Etienne. En 1322, 1340, 1353

1387, 1392, 1428, des membres de quelques-unes des familles les plus connues de la bourgeoisie limousine, des Boutin, des Benoist, des Disnematin, des Ruaud, des Sarrazin, des Boyol, agissent de même. En 1404, un riche marchand, originaire de Saint-Yrieix, mais fixé à Limoges, Jean de Sandelles, laisse sa fortune à son fils Jacques et à son petit-fils et filleul Othon, neveu du premier, par portions égales, avec la stipulation, toutefois, d'un préciput de deux cents livres au profit de Jacques ; mais peut-être cette stipulation n'a-t-elle pour but que d'égaliser en réalité les deux parts, le père d'Othon ayant pu recevoir pareille somme en dot.

Quelquefois, quand les frères ne sont pas nombreux, le père leur laisse à chacun une part égale du patrimoine. Ainsi Pierre Benoist nomme en 1415 ses trois fils : Jean, Mathieu et Pierre, pour ses héritiers universels, en commun et par égales portions — *communiter et pro æquis portionibus.*

L'usage d'instituer deux héritiers semble être devenu beaucoup plus rare au quinzième siècle. A partir du seizième, quand le père de famille, ses legs acquittés, fait deux parts égales de sa fortune, il dispose presque toujours de l'une d'elles en faveur de sa femme. L'iniquité criante de l'application stricte du régime dotal et de la dévolution au mari de tous les gains avait fini par révolter la conscience de nos pères et le testament corrigeait la rigueur excessive de la coutume en restituant à la veuve les bénéfices d'une véritable société de communauté.

Mais parfois, c'est la veuve elle-même qui est instituée par le père de famille héritière universelle, alors que les enfants sont simplement légataires. Le fait est rare au moyen âge. Il parait fréquent aux seizième, dix-septième et dix-huitième siècles. Nous avons surtout rencontré dans des testaments de marchands et d'artisans ce témoignage de confiance donné, cet hommage rendu par le chef du foyer à sa compagne. Mentionnons ici ceux de Toussaint René, boulanger (1678), Théveny, pâtissier (1680), Simon Delhort, marchand (1680), Jean Froment, marchand (1686), André Origet, marchand (1688) etc. On note le même fait dans les testaments de plusieurs hommes de loi, tels que ceux de François Dutheil, avocat (1687), et d'un notaire du dix-huitième siècle dont nous ne retrouvons pas le nom.

En déclarant instituer pour héritière sa femme, le testateur recommande à ses enfants de demeurer unis autour d'elle. La veuve continuera la mission du chef de famille ; celui-ci lui en laisse tous les devoirs, les charges et les droits. Ecoutons Simon Delhort : — « Je veux, dit-il, que mes enfants « (il en a huit), soyent nourris, élevés, entre-» tenus aux frais de mon hérédité, en compai-» gnie de leur mère... Je leur recommande à » chacun d'eux de luy obéir, luy porter hon-» neur et respect, et veulx que mesdicts en-» fants travaillent au profit de mon hérédité et « *rapportent leur entier travail à ma dicte héri-» tière.* »

Parfois un père, qui avait eu seulement des filles et en avait nommé une son héritière, faisait des réserves pour le cas où un fils naîtrait de lui après sa mort et déclarait que sa fortune dans ce cas passerait au posthume. Le plus récent testament où nous ayons relevé cette stipulation est celui de Joseph Mandat, seigneur de Nouailles, en 1688.

Presque tous les testaments, jusqu'à la Révolution, contiennent un legs pour le ou les enfants qui pourront naître après la mort du testateur. On conçoit en effet que tout chef de famille dût se préoccuper du sort des posthumes ; ceux-ci se seraient trouvés, à défaut de cette précaution, absolument exclus de la succession paternelle et réduits à faire valoir, devant les tribunaux, leurs droits à une légitime. Ils auraient été compris dans la catégorie de tous les parents et autres personnes pouvant prétendre, à un titre quelconque, à une part de l'hérédité et auxquels le testateur laissait d'habitude une somme dérisoire — le plus souvent cinq sols, ou encore douze deniers. Les mêmes legs étaient souvent faits, pour la forme, aux filles dotées. Ainsi un riche bourgeois, Martial Vidaud, receveur en l'Election, laissait en 1699, cinq sols à sa fille aînée pour tout supplément de dot. Le but de ces clauses était de prévenir les réclamations, d'attester que que le père de famille, en arrêtant ses dispositions suprêmes, avait songé à tous les siens, et que les omissions qu'on pourrait relever plus tard dans son testament étaient volontaires.

Si le testateur prévoit certains tiraillements

après sa mort, il stipule que l'héritier devra payer une pension à tel ou tel membre de la famille, dans le cas où celui-ci ne pourrait s'accommoder de la vie du foyer. On rencontre rarement cette prévision exprimée au moyen âge et la pension, durant cette période, n'est jamais accordée qu'à la veuve du testateur. Il faut arriver aux seizième et dix-huitième siècles pour entendre un père manifester la crainte que ses enfants ne puissent vivre en paix au foyer, sous l'autorité de la mère ou de l'héritier désigné par lui.

Les legs n'étaient en général payables qu'à la majorité ou au mariage des enfants, à leur entrée en religion pour ceux qui embrassaient la vie du cloître. Il arrivait souvent que plusieurs des enfants ne réclamaient pas leur *frairesche*, comme on disait au treizième siècle, et restaient avec l'héritier en indivision. Le Livre de raison que nous avons déjà plusieurs fois cité, contient la recommandation expresse d'un oncle à ses neveux de demeurer ensemble, sans faire leurs partages, jusqu'à ce qu'il aient chacun des enfants en état d'administrer eux-mêmes leurs biens. — Quand deux frères meurent après avoir passé toute leur vie dans l'indivision, leurs enfants respectifs ne peuvent, d'après la Coutume, réclamer le partage ; mais le neveu a le droit de le demander à l'oncle, et réciproquement. Sauf ce cas, la règle : » Nul ne peut être contraint de rester dans l'indivision » est appliquée par nos ancêtres, et un frère est toujours reçu à demander à son frère le partage ou le paiement de sa légitime, à la condition que l'un et l'autre aient l'âge requis, — quatorze ans. — Toutefois, il semble résulter d'un texte assez obscur de la Coutume que, si la succession se compose d'une maison, le plus jeune doit la laisser, moyennant compensation, à l'aîné et que ce dernier, s'il s'agit d'un fonds, doit avoir au moins une pièce de terre.

En recevant son legs, chaque enfant déclarait renoncer à tout droit et à toute répétition sur les biens de ses ascendants. La même renonciation était souvent faite au contrat de mariage par la fille qu'on dotait. On en exigeait autant des enfants qui entraient en religion. A ceux-ci du reste les bourgeois, comme les nobles, ne donnaient guère, en général, que des rentes viagères en argent et en nature ; les familles tenaient à honneur, néanmoins, d'y ajouter quelque libéralité pour le couvent ou pour l'église du monastère, rente perpétuelle ou fonds.

La conservation de la fortune dans la famille était assurée par le *retrait lignager*, droit de préemption accordé aux plus proches parents. L'exercice de ce droit était entouré, à Limoges de garanties particulières, Non seulement la Coutume le proclamait et lui donnait le pas sur le retrait féodal, mais elle obligeait le vendeur à mettre ses proches en demeure de profiter, si bon leur semblait, du privilège qui leur était acquis ; et ceux-ci, au lieu d'avoir un simple délai de quarante jours, comme c'était le cas presque partout, avaient la faculté d'user de leur droit pendant un an et un jour.

Pour assurer, d'autre part, la conservation dans les mêmes mains des immeubles accensés et prévenir l'éviction des familles pauvres par les riches, la Coutume n'admettait pas que le défaut de paiement du cens autorisât le propriétaire à révoquer l'aliénation ; ce dernier pouvait seulement mettre la main sur les fruits et revenus de l'immeuble pour sûreté de l'acquittement de la redevance annuelle qui avait été à l'origine le prix de cette aliénation.

VIII

Telle est la sollicitude dont la Coutume entoure le patrimoine, qu'elle appelle les magistrats municipaux à intervenir directement et à prendre les mesures nécessaires pour empêcher les fils de famille de dissiper leur fortune (1). Les consuls nomment des curateurs quand besoin est. De même si un membre de la Commune meurt sans avoir désigné d'exécuteur testamentaire, il leur appartient d'en choisir, et les personnes qu'ils chargent de ce mandat ont les mêmes pouvoirs que s'ils avaient été institués par le père de famille lui-même.

Ces pouvoirs sont très étendus. Les exécuteurs testamentaires ou aumôniers — *almosniers* — ont tous les droits que possédait le père lui-même de son vivant. (2)

Nous avons vu Pierre Marteau chargeant ses *aumôniers* et sa veuve de diminuer la portion assignée par lui à chacun de ses enfants dans le cas où l'un ou plusieurs de ceux-ci

(1) Lai ont hom voiria filh do prodome que metria las soas chauzas a mal aportamen, li cossol i doven metre cossoilh d'aital manioira que la soas chauzas nos poschan perir (1er Reg. cons^{rs} fol. 47, recto).

(2) Lo poder que lo prosdom avia ensa vida et ensa santat en totas soas chausas, li almosnier an.

ne se conformeraient pas à ses dernières volontés. Les mêmes exécuteurs devront également réduire les legs de ceux des enfants qui ne se montreraient pas économes de leur avoir. Cette dernière clause mérite d'être remarquée. Elle atteste une fois de plus la sollicitude du chef de famille pour la conservation du patrimoine, dominant sa sollicitude individuelle pour chacun de ses enfants.

Un assez grand nombre de testaments nous montrent les exécuteurs ayant mission expresse de recevoir chaque année et d'approuver les comptes de la veuve, jusqu'à la majorité de l'héritier. Plusieurs, notamment celui déjà cité de Gérald Brunaud (1270), donnent aux aumôniers le pouvoir d'enlever la gestion du patrimoine à la mère, non seulement dans le cas où elle viendrait à se remarier, mais aussi dans le cas où son administration ne serait pas satisfaisante.

L'héritier, lui aussi, se trouve soumis, pour un temps qui n'est pas toujours fixé, mais qui a dû nécessairement être limité par l'usage, à l'autorité des *aumôniers* de son père. Bien qu'il puisse être mis, dès sa quatorzième année, en possession de sa fortune, il est vraisemblable que la majorité de vingt-cinq ans seule l'affranchit de cette tutelle.

La charge d'exécuteur testamentaire, comme celle de tuteur, était considérée comme très sérieuse. On en trouve la preuve dans beaucoup de testaments dont l'auteur rappelle qu'il a été choisi pour *aumônier* par telle ou telle personne et prend des mesures pour assurer l'exécution de ce mandat, s'il n'a pu encore le remplir.

L'héritier devait résider dans la maison paternelle, « tenir le foyer », suivant une expression consacrée et bien significative. Parfois il lui était permis de le quitter momentanément, mais sous la condition d'y revenir le plus tôt possible. La maison paternelle, l'*ostal — hospitium, hospitium paternum* — était le lieu de rendez-vous de la famille, son domicile commun, son sanctuaire et là seulement son chef pouvait demeurer. Nous voyons, au treizième siècle, Pierre Brunaud s'engager, lors de son mariage, à passer les deux premières années de son union chez son beau père. Peu de temps après, le père de Pierre l'instituant par testament son héritier, stipule expressément qu'au bout de deux ans, le fils reviendra dans la maison paternelle avec sa femme et qu'ils y feront leur résidence — *cum uxore sua moram faciet in hospitio meo.*

Si l'héritier reçoit la grosse part du patrimoine, de lourdes charges lui incombent en revanche. Il paiera de la servitude de toute sa vie le privilège de continuer la souche de la famille et de demeurer le chef du foyer. Il est devenu à son tour « le père »; il va en avoir toutes les sollicitudes. Très souvent le paiement de la légitime de ses frères et sœurs le met dans une situation gênée. C'est bien autre chose lorsqu'il faut restituer aux frères, aux neveux, les dots de leurs femmes, que le chef de famille a touchées et qui ne sont pas toujours demeurées intactes. Voici par exemple Jean Boyol qui en 1459, réclame à la succession de son père Etienne la dot de sa femme. Or, on constate que cette dernière a reçu de sa famille 200 écus d'or et qu'il n'en reste pas plus de cent ..

La charge qui incombait à une génération pèse souvent sur plusieurs. Ainsi en 1271, la veuve d'Elie Guibert et son fils aîné Jacques sont obligés de prendre des arrangements avec les Vilayvene au sujet de la dot de la sœur d'Elie, laquelle n'a pas été encore payée. Nombre de testaments énoncent des dettes de cette nature.

Presque tous les héritiers ont, comme celui de Guillaume Auzelet (1223) (1) un chiffre parfois élevé de rentes à payer sur des terres et des maisons déjà largement grevées, par les générations précédentes, d'autres charges qui s'ajoutent au cens et aux redevances foncières. De là, en dépit des précautions prises par la Coutume pour conserver les immeubles dans les familles, des expropriations fréquentes et de nombreuses ventes.

Ajoutons que plusieurs des frères et sœurs de l'héritier, les malades et les infirmes, notamment, restaient toute leur vie dans la maison paternelle : or, le plus souvent, l'avantage que trouvait le nouveau chef de famille en gardant leur *fraires che* — dont ils conservaient du reste le droit de disposer — était loin de compenser les dépenses de leur nourriture et de leur entretien.

La maison de l'héritier était toujours, en somme, la maison paternelle pour ceux des membres de la famille qui, après avoir touché

(1) Ce testament est le premier en date de ceux que nous avons consultés pour notre étude.

leur légitime, étaient vaincus dans la lutte de l'existence, pour les chercheurs d'aventures, pour les voyageurs, pour les curieux et pour les fous, pour tous les naufragés de la vie, pour tous les enfants prodigues qui, leurs res-sources dissipées, sentant le mal du pays les saisir, reprenaient le chemin de *l'ostal* et allaient demander, à la tendresse d'un frère ou à la charité d'un oncle ou d'un neveu un abri pour leur vieillesse et une place au coin du foyer.

On le voit : les avantages concédés à l'héritier n'étaient pas, en réalité, aussi grands qu'il le paraissent et ils ne faisaient pas autant de jaloux qu'ils nous plaît de nous le persuader. Il convient de se tenir en garde contre les déclamations d'une époque où les liens du foyer s'étaient déjà relâchés à la faveur d'une trop grande facilité de mœurs et où au surplus, les scandaleuses divisions de quelques familles et leurs retentissants procès impressionnaient beaucoup plus l'opinion que le spectacle de milliers d'autres, demeurées dans l'union et la paix

A l'encontre des romans qui ont généralisé au delà de toute vraisemblance un petit nombre de faits particuliers, l'ensemble des témoignages authentiques et contemporains émanés soit du foyer même, soit de son entourage immédiat : les actes de notaires, les titres de l'hôtel de ville, les registres des officialités et des paroisses, etc., nous montrent l'esprit de solidarité très fort et très vivace dans la famille. Il s'affirme dans les testaments des veufs et des veuves sans enfants, des célibataires, des soldats, des ecclésiatiques. Il est facile de constater que non seulement le testateur regarde comme un devoir de laisser aux membres de la même lignée la plus grande partie de sa fortune; mais que l'accomplissement de ce devoir lui est agréable. L'énoncé de ses intentions est souvent accompagné d'expressions affectueuses qui attestent son attachement à ses frères, à ses sœurs, à ses cousins et sa sollicitude pour les intérêts généraux du groupe auquel il appartient par le cœur, comme par le sang.

Rarement, très rarement un testateur, même appartenant à l'Eglise, laisse le plus clair de sa fortune à des œuvres pieuses ou charitables au détriment de ses collatéraux. S'il prend la grave résolution de le faire, c'est souvent après avoir sollicité l'assentiment de ses proches. Ajoutons que le bourgeois et même la bourgeoise de Limoges, dans ce cas, choisissent presque toujours, pour leurs héritiers, les pauvres d'un hôpital, de préférence à un monastère ou à une église : ainsi font Almodie Guaranh, en 1287, Jean Pinot receveur en l'Election, en 1620, et beaucoup d'autres.

La piété et le sentiment familial s'associaient et s'affirmaient dans la fondation, fréquente jadis, de vicairies destinées à être données de préférence à des prêtres de la parenté du fondateur. Celui-ci laissait ainsi, pour l'avenir, une précieuse aumône aux pauvres clercs de son sang. Les Benoist avaient six de ces vicairies dans les églises de Saint-Etienne et de Saint-Pierre du Queyroix ; les Marteau, trois ou quatre ; les Lamy, autant ; les de Julien, deux, etc. La Révolution, en confisquant les biens ecclésiastiques, dépouilla beaucoup de familles des ressources que la prévoyance et la dévotion des ancêtres avaient jadis ménagées à leurs descendants.

X

Le rôle et la situation de la femme, dans la famille limousine, mériteraient une étude spéciale. Fille, on parvient à peine à constater sa présence dans la maison : sa vie se partage entre les soins du ménage dont elle a la charge avec les domestiques, les travaux à l'aiguille et les pratiques de dévotion. La Coutume, à l'instar de la loi romaine, la répute nubile à douze ans. Les fiançailles se célèbrent quelquefois dès cet âge ; mais elles précèdent de plusieurs années le mariage (1), et les conventions matrimoniales stipulent dans ce cas que la dot ne sera comptée au futur qu'après que sa promise aura atteint l'âge où elle pourra devenir réellement son épouse, *tempore debito et nubili*. C'est la formule de beaucoup de notaires des quinzième et seizième siècles.

C'est le chef de famille, non le futur lui-même, quel que soit l'âge de ce dernier, qui reçoit le dot de la femme, en donne décharge et en a l'administration. En 1754, le bisaïeul de celui qui écrit ces lignes se marie à trente ans : ce n'est pas à lui qu'est comptée la dot de sa future ; c'est à sa mère et à son frère aîné, et eux seuls en délivrent quittance.

(1) Il semble résulter d'un passage des curieux Commentaires de l'avocat Etienne Guibert sur la Coutume de Limoges (Bibliothèque Nationale, nouvelles acquisitions, manuscrit latin n° 1288), qu'on se mariait assez tard au XVI° siècle.

Les fiançailles étaient encore assez fréquentes même dans les familles pauvres, au XVIII° siècle.

La dot qu'au mariage la femme a reçue de son père est inaliénable durant la vie de ce dernier, sans son consentement exprès. Toutefois, si les époux ont eu un enfant qui ait vécu un jour et une nuit, la dot leur est acquise, — *es gahanada la pegulhieyra*, — et le mari peut en disposer avec l'adhésion de sa femme. Les frères qui ont doté leur sœur ont les mêmes droits que le père sur les biens constitués par eux.

D'ordinaire, une partie de la dot se paie comptant ; le surplus à des termes fixés d'avance, assez éloignés parfois. Rarement cette dot consiste en immeubles : c'est le plus souvent par testament que le père ou la mère laissent, à titre de supplément de légitime, une terre ou une maison à leurs filles. L'usage d'exclure les filles dotées de toute participation aux libéralités testamentaires de leurs parents n'est pas général en Limousin. Ainsi, en 1287, Almodie Guaranh laisse une habitation à sa fille Valérie, veuve d'Elie Guibert, et en 1347, Marie *de Setinio*, dans ses dernières dispositions, donne un immeuble à chacune de ses filles.

En cas de prédécès de la femme, le mari, s'il était né de leur union un enfant ayant vécu un jour et une nuit, héritait des biens meubles compris à la dot ; mais il n'avait que la jouissance des immeubles : ceux-ci devaient, à sa mort, faire retour à la famille de la femme.

Que se passait-il en cas de prédécès du mari ? Les textes de notre vieille législation traditionnelle sont muets à cet égard. Et cependant le livre des Benoist renferme un passage bien précis d'où il résulterait que la Coutume assurait à la veuve ayant eu un enfant du mari, la moitié de la fortune de ce dernier : *Eys costuma que quant la molher a agut efant deu marit, e lo marit mor, ela pot demandar la mestat de tout quant lo marit avia.* Nous n'avons pas trouvé ailleurs mention ou trace de cet usage, dont les *Commentaires* d'Etienne Guibert sur la Coutume de Limoges ne parlent pas.

Mais ceux-ci attestent que, malgré le silence absolu des diverses rédactions de la Coutume sur ce point, le droit d'*oscle* (1) avait toujours été reconnu à la femme en cas de prédécès du mari. Cet avantage consistait dans le paiement à la veuve par la succession d'une somme égale au revenu d'une année de la dot. Ce revenu est évalué par le commentateur, dans un passage de son étude, à un dix-huitième, dans un autre à un douzième.

Rien n'autorise à penser que la *quarte pauvre*, c'est-à-dire la dévolution à la femme non dotée soit d'un quart en propriété, soit d'un quart en usufruit, suivant les circonstances, des biens du mari prédécédé, fût garantie à la veuve pauvre à Limoges. Les choses, dans ce cas, étaient remises, semble-t-il, à la discrétion de l'héritier, et s'il était besoin, à la sollicitude des consuls, que la Coutume char-

(1) Il est encore parlé du droit d'osclo — jus osculi — dans les contrats de mariage du temps de Louis XIV et de Louis XV, et le testament de Jean Farne, bourgeois de Limoges, le mentionne en 1682. Ce droit a existé de tout temps en Limousin et on le trouve nommé dans nos anciens Cartulaires, notamment dans un titre du XIe siècle du Cartulaire de Beaulieu, publié par M. Deloche.

geait d'assurer des aliments aux veuves et aux orphelins.

On trouve, dès le treizième siècle, dans quelques pièces, mention de *l'augment de dot* et d'autres libéralités de la même nature ; mais comme plus tard les *gains de survie* et les *bagues et joyaux*, toutes ces donations semblent avoir un caractère purement facultatif et contractuel. Elles sont d'ailleurs assez rares à Limoges au moyen âge ; c'est seulement par son testament que le mari, sous l'influence d'un sentiment de justice, stimulé sans doute par la tendresse et la reconnaissance, songe à augmenter, en cas de prédécès, les ressources de sa veuve et dispose qu'outre le remboursement intégral de sa dot, elle recevra, de l'héritier, certains objets mobiliers et une somme déterminée. Cette somme est parfois égale à la dot elle-même. Nos registres consulaires signalent un exemple de ce fait dès 1225. La femme de Guillaume Boyol, fille de Hugues Brun, a reçu de son père 4,000 sols, plus une rente de 100 sols. Son mari, allant en pèlerinage à Saint-Jacques-de-Compostelle, fait son testament et lui en laisse autant : 4,000 sols pour en disposer à sa volonté—*por son talant far* — et une rente de 100 sols sa vie durant (1) Les termes de deux ou trois testaments de cette époque, de celui entre autres, de Gérald Brunaud (2), le plus intéressant, à notre

(1) Premier registre consulaire, fol. 70 r°. On pourrait rapporter cet exemple à l'augment de dot et voir ici une libéralité anténuptiale, s'il n'était pas formellement parlé du testament de G. Boyol.

(2) Brunaud lègue à sa femme 150 livres, « pour la part lui revenant des biens acquis par les époux durant le mariage, » — pro parte ipsam contingente de bonis acquisitis constante matrimonio.

avis, de tous ceux que nous ayons étudiés, — aussi en avons-nous noté plusieurs clauses, — donneraient à penser que le régime de la communauté d'acquêts n'était pas inconnu dans nos pays. Toutefois, d'exemples si peu nombreux, il est impossible de rien conclure avec quelque certitude, et, sans doute, les époux dont les testaments nous les fournissent, ont conclu leurs conventions matrimoniales sous l'empire d'une autre coutume et d'usages différents.

Mais bien que le régime dotal, dans toute sa rigueur, puisse être considéré comme ayant été la loi générale des mariages à Limoges, la femme vit de bonne heure son influence grandir au foyer. La religion chrétienne avait dépouillé le père de famille de son antique sacerdoce : la principale cause de l'inégalité entre lui et la mère se trouvait ainsi anéantie. Aussi l'épouse fut-elle de plus en plus considérée et traitée comme l'associée et l'égale du mari, subordonnée à lui dans la discipline intérieure de la maison, mais partageant en réalité le gouvernement de la famille et succédant au père dans sa royauté de fait, parfois aussi dans sa royauté de droit. Alors même qu'elle n'était pas héritière, le chef de famille ordonnait souvent, dans son testament qu'elle conservât l'administration des biens et qu'elle demeurât au foyer dame et maîtresse — *domina gubernatrix* — jusqu'à sa mort.

Ajoutons que souvent aussi, par une clause expresse, le testateur déchargeait sa veuve de toute reddition de comptes, de toute formalité d'inventaire, etc.

D'après ce qui précède, il est permis de se

rendre compte du rôle important de la femme : épouse et mère, au foyer, de la situation qui lui était faite et du respect dont tout le monde l'entourait. L'usage, adopté par beaucoup de bourgeois, d'instituer leur veuve héritière universelle conjointement avec un des fils, ou même de lui laisser l'entière disposition du patrimoine après le prélèvement des dettes, des legs et de la légitime des enfants, dut augmenter singulièrement son autorité. Le dix-septième siècle marque l'apogée de l'influence de la femme limousine dans la famille. Au dix-huitième déjà, cette influence a visiblement décliné.

La veuve, lorsqu'elle avait des enfants, restait ordinairement au foyer et y vivait, avec sa jeune famille, sous l'autorité de l'aïeul. Faut-il attribuer en partie aux difficultés qui devaient souvent résulter, pour elle, de cet état de choses, la fréquence des seconds mariages, qui, du côté des hommes, s'expliquerait d'abord par la très grande sévérité de mœurs de la bourgeoisie au moyen âge, ensuite par la nécessité d'avoir une « mère de famille » à la tête d'une maison où il existait un certain nombre d'enfants du premier lit ? Toujours est-il que les seconds mariages, peu nombreux, autant qu'il est permis d'en juger, au cours des douzième et treizième siècles, deviennent fort communs au quatorzième et au quinzième. Dans le seul livre de raison des Benoist, nous avons relevé la mention de six doubles mariages, au moins, dans une même famille, durant une période de trois quarts de siècle. Etienne Benoist, par exemple, l'auteur de ce registre, se marie trois fois, et la dernière avec une veuve.

Aussi le père de famille, en testant, prévoyait-il presque toujours le cas où sa femme viendrait à se remarier, et stipulait-il que, cette éventualité se réalisant, les avantages faits par lui à sa compagne seraient réduits dans une forte proportion. Ainsi Poncet Reynier, instituant en 1429 sa femme, Marguerite, son héritière universelle pour un tiers, au même titre que son fils et sa fille, a-t-il soin d'ajouter que, si elle se remarie, elle perdra sa qualité d'héritière et n'aura droit, outre la restitution de sa dot, qu'à un simple legs de vingt écus d'or.

XI

L'éducation des enfants dans la famille n'avait rien des complaisances, des mièvreries et des faiblesses d'aujourd'hui. La maison paternelle était une sévère école. Chacun prêchait d'exemple et les enfants se formaient peu à peu à imiter les vertus dont ils avaient constamment l'exemple sous les yeux. Les établissements d'instruction publique, d'abord dans la dépendance absolue de l'Eglise, puis astreints simplement à sa surveillance, passèrent, à partir de 1525, sous la direction des consuls. En dehors des écoles des monastères, il existait à Limoges dès le 14e siècle, des classes de grammaire et de logique vraisemblablement confiées à des prêtres séculiers. Les bienfaits de l'instruction furent de bonne heure appréciés par les bourgeois. Dans plusieurs testaments du treizième siècle, on trouve des recommandations du père de famille pour que l'enfant soit envoyé à l'école — *volo quod provideatur sibi in scholis.* — Nous avons signalé ailleurs l'engagement spontané, pris par un tuteur, en 1419, dans l'assemblée du conseil de famille, de faire donner à ses frais l'instruction à ses pupilles. (1)

En 1480 et 1490, plusieurs jeunes gens de Limoges poursuivent leurs études de droit à l'Université de Poitiers. Au seizième siècle, notre ville possède un collège qui, confié aux Jésuites en 1598, acquiert une certaine réputation et dont les cours attirent une multitude d'élèves. Un certain nombre de places sont, en outre, réservées aux Limousins, au collège de Chanac, à Paris, et dans deux collèges de Toulouse.

M. Juge, dans un curieux opuscule, publié au commencement de notre siècle, sur les *Changements survenus dans les mœurs des habitants de Limoges depuis une cinquantaine d'années*, signale l'usage, jadis commun dans notre ville, de dépayser les enfants et de les envoyer à la famille d'un correspondant, pour se former au commerce, ou continuer leurs études. Cette coutume, qui est très en faveur à l'étranger, existait autrefois en France. Elle y a presque complètement disparu.

L'enseignement civique ne figurait pas encore dans les programmes des études. On laissait, avec raison ce semble, a la famille le soin de le donner à l'enfant, jugeant que cet enseignement est plutôt affaire d'éducation que

1 Item faray ensonhar a l'oycola losdich treys efans a mos propris despens et sens y re metre ni despendre deu lor. (Acte communiqué par M. Astaix).

d'instruction. Le dévouement, la sollicitude, le courage, l'intégrité, dont nos magistrats municipaux firent preuve dans l'exercice de leurs difficiles fonctions durant tout le moyen âge attestent que le foyer simple et austère du bourgeois ou de l'artisan était une bonne école pour le citoyen. Un vieillard de quatre-vingt dix ans, des environs de Saint-Yrieix, raconte dans une enquête, en 1499, que soixante ans plus tôt il prenait son arbalète par « commandement de son père (1), » pour aller rejoindre les capitaines de Charles VII et faire la guerre à l'Anglais. Plus d'un enfant de Limoges aurait pu rendre le même témoignage, et l'histoire atteste que la ville a bien gagné les trois fleurs de lis octroyées en 1421 par le Dauphin Charles à son écusson municipal, comme une marque d'honneur et une récompense de la loyauté et du patriotisme de ses habitants.

XII

Parmi les traits les plus caractéristiques des mœurs de nos pères il faut noter la simplicité, la facilité et la dignité des rapports entre maîtres et domestiques. Les premiers traitaient les seconds comme leurs propres enfants, avec la même sévérité, mais avec la même sollicitude. Par le soin qu'ils avaient des intérêts moraux et matériels de leurs serviteurs, de leur santé, de leurs petites affaires, par leur attitude et leur langage exempts de toute morgue blessante, par la communauté des occupations, ils savaient s'attacher les domestiques sans rien perdre de leur autorité sur

(1) Bibliothèque nationale. — Collection Doat, t. 246, fol 70.

eux. Ceux-ci, à leur tour, tout en gardant le respect dû à leurs maîtres, se considéraient comme faisant partie de la famille et portaient, à ses affaires, le même soin qu'aux leurs propres ; ils avaient pour leurs maîtres un dévouement sincère et une solide affection. La plupart mouraient dans la maison et la famille où ils servaient était devenue à ce point la leur qu'ils laissaient d'ordinaire à un des enfants, tout ou partie de leurs petites économies. Les domestiques mâles étaient encore au siècle dernier une exception ; on ne prenait guère que des femmes, veuves ou célibataires, et une fois éprouvées par quelques mois de séjour, ces servantes étaient attachées à la maison pour toute leur vie, sans qu'aucune convention intervînt entr'elles et les patrons. C'était l'usage alors qu'on gardât ses domestiques et qu'on n'en changeât pour ainsi dire jamais. La servante tombait-elle malade ? Il n'était pas question, bien entendu, de l'hôpital. Peut-être même n'y eût-elle pas été reçue ; car elle n'était pas considérée comme une indigente et elle avait une famille : celle de ses maîtres. La maîtresse de la maison et ses filles soignaient la malade comme une sœur et, morte, on ne la séparait pas de ceux avec qui elle avait vécu. Le tombeau de la famille s'ouvrait pour elle et son corps avait sa place auprès des corps de ceux dont elle était considérée comme l'enfant adoptif. Nous avons relevé, dans les registres des paroisses de Limoges, et dans les papiers de famille, d'assez nombreuses mentions de ce fait.

Les legs en faveur des domestiques sont

fréquents dans les testaments, dans ceux des nobles tout aussi bien que dans ceux des bourgeois. Tantôt le maître leur lègue des objets mobiliers, un lit, du linge, des vêtements ; tantôt il leur donne une petite somme, une rente ; souvent il recommande expressément à l'héritier de les conserver auprès de lui et de leur donner jusqu'à leur mort le vivre et le couvert, comme à ses propres enfants, aux droits desquels les mœurs les font en quelque sorte participer.

XIII

Le livre de M. Juge atteste qu'à l'époque de la Révolution la physionomie de la famille limousine différait peu de ce qu'elle avait été au moyen âge. Il nous montre l'autorité paternelle aussi respectée et s'exerçant avec la même sévérité, l'éducation des enfants aussi rude, la vie du foyer aussi exemplaire, les vêtements aussi modestes, les superfluités du luxe aussi rares, l'union des frères et sœurs aussi étroite, les rapports des domestiques avec les maîtres empreints de la même simplicité, de la même dignité affectueuse.

Toutefois, dans beaucoup de familles d'artisans, il s'était produit, assez longtemps avant 1789, un relâchement complet de l'autorité paternelle. Les enfants n'étaient plus tenus à la maison et passaient leur temps à jouer dans les rues, loin de la surveillance de la mère. Cela s'explique par l'apparition, à Limoges, de la grande manufacture, qui se substitua peu à peu vers cette époque aux petits ateliers fonctionnant à côté du foyer et participant du calme et de la régularité de la vie domestique. L'industrie, au cours du dix-huitième siècle, acquit un remarquable développement. Sous cette influence, l'ouvrier moderne, isolé, livré à lui-même, locataire, à la merci de l'instabilité des engagements, des fluctuations brusques de la demande, des transformations apportées sans cesse par le génie humain aux conditions du travail, prit insensiblement la place de l'artisan d'autrefois, le plus souvent propriétaire de sa petite maison, ou du moins occupant de longues années le même appartement, travaillant côte à côte avec le patron et soutenu, dans les mauvais jours, par la solidarité de la corporation et de la confrérie. Nous avons signalé ailleurs les conséquences de l'avénement de ce nouveau régime: les progrès de la misère, de la démoralisation, l'augmentation rapide du nombre des enfants abandonnés, l'accroissement dans une proportion effrayante de la population de l'hôpital, bref l'invasion définitive du paupérisme moderne avec ses hideuses plaies et ses redoutables problèmes (1)

La famille, en somme, était une communauté ayant le père pour chef. On trouve encore, parmi les bouchers de Limoges, groupés jusqu'à nos jours dans le quartier qu'ils habitaient déjà au treizième siècle, les traits principaux de la physionomie de la famille limousine d'autrefois. Dans une très intéressante notice, notre ami et confrère A. Delor (2) dépeint

(1) Anciens registres des paroisses de Limoges. Chapoulaud frères, 1881.

(2) La corporation des bouchers de Limoges, par M. Ad. Delor. Limoges, J. Dumont, 1877.

des intérieurs d'une originalité saisissante et où se conservent les habitudes de piété et de respect en honneur au foyer de nos aïeux. Il nous montre le père administrant seul la fortune, touchant les gains de tous les enfants, traité et écouté en maître jusqu'à son dernier soupir ; l'aîné, héritier indiscuté de la maison paternelle et presque toujours largement avantagé sans que ses frères et sœurs y trouvent à redire ; la famille unie, simple, sobre, travaillant ensemble, d'un même cœur, au bénéfice du groupe plus encore qu'au profit des individus.

Quelques vestiges de cette organisation ancienne de la famille existent encore dans nos campagnes ; mais on n'y retrouve plus aucune trace des grandes communautés patriarcales signalées jadis sur plusieurs points du Limousin et analogues à celles qu'on observait encore il y a peu de temps dans la Nièvre. Rien ne subsiste, rien absolument, de ces familles « de même parenté» dont parlent Belleforest, Golnitz, le P. Bonaventure de Saint-Amable, et qui vivaient, « en commun, comme en un collège (1),.. » Mais des autres, des familles ordinaires, de la fidélité au foyer, de l'union, de la paix, de l'obéissance, du respect, que restera-t-il bientôt ?

XIV

Ce tableau de la famille Limousine ne serait pas complet si nous ne disions un mot du décor au milieu duquel se déroulaient les paisibles scènes de cette vie laborieuse et régulière. La

(1) Histoire de Saint-Martial, T. II, p. 30.

maison, quelquefois construite en granit, n'avait le plus souvent que le rez-de-chaussée de pierres. Au-dessus, tout était en pans de bois garnis de torchis, sans contre lattage et sans crépissage. La cage de la charpente se montrait à nu et étalait ses robustes croix de Saint-André noircies par le temps. Parfois les étages supérieurs avançaient au-dessus de la voie publique et étaient supportés par de lourds piliers de pierres, plus rarement par de simple poteaux de bois. La façade présentait souvent des corbeaux sculptés, des enjolivements de diverses espèces ; on admire encore à Limoges quelques maisons du quatorzième siècle avec d'élégantes moulures, des corniches aux fines arêtes et des consoles supportées par des têtes ou des animaux dont la variété n'est pas le seul mérite. Il nous reste peu de charpentes sculptées ; une jolie façade de la Renaissance conservant des panneaux ornés d'intéressants motifs et de gracieux encadrements a disparu, il y a peu d'années, dans la rue du Consulat. — Beaucoup de maisons étaient ornées d'une niche avec la statue de la Vierge ou d'un Saint.

Le rez-de-chaussée, dont la façade était ordinairement divisée en deux arceaux — neuf fois sur dix on trouve, dans les désignations des actes du treizième au seizième siècle, ces mots : *domus lapidea*, ou *lignea cum duobus arcellis* — servait de magasin et d'atelier. A côté, formant arrière-boutique et avec une fenêtre ouvrant soit sur une venelle, soit sur une petite cour ou *peyrat*, se trouvait la cuisine, dans laquelle la maîtresse de la maison passait la plus grande partie de la journée avec ses filles et ses servantes, s'occupant des soins du ménage, et quand ceux-ci n'exigeaient pas qu'elle mît la main à l'œuvre, tricotant ou travaillant à l'aiguille. La cuisine était le lieu de rendez-vous général. On s'y réunissait ; on y mangeait ; on y demeurait pendant la veillée ; on y recevait même le plus souvent les visites sans cérémonie. Quand le père de famille avait fini son travail de la journée, quand les enfants revenaient de l'école, que les jeunes gens arrivaient des marchés des environs, ils s'asseyaient sur les bancs ou sur les petits escabeaux placés sous le manteau de la cheminée, à droite et à gauche du foyer. C'était là que les vieillards passaient une partie de leur vie. Sauf dans les maisons très riches, cette pièce était encore, à l'époque de la Révolution, le seul appartement où on allumât du feu et où le soir on eût de la lumière ; les cheminées des chambres ne servaient guère qu'en cas de maladie.

Le mobilier de la cuisine était des plus simples : un bahut bas surmonté d'un dressoir garni de vaisselle d'étain et de quelques pièces de faïence en était le principal ornement. Sur l'évier, dont l'eau s'écoulait dans une venelle ou dans la petite cour, étaient déposés des cruches ou des seaux de bois cerclés de fer, où reposait déjà, sans doute, la grande cuiller au manche creusé dans toute sa longueur qu'on retrouve encore chez tous nos paysans.

Au milieu de la pièce, une grande table avec des bancs des deux côtés. Dans la cheminée, des landiers de fonte ou de fer, plus ou moins enjolivés, avec des crochets ou des crémaillères pour tenir la broche, dont l'extrémité s'ajustait à une sorte de manège tout à fait primitif, manœuvré par un animal domestique quelconque, le plus souvent un chien, parfois une oie ou un dindon. Une maie pour la pâte à pain, quelques chaises et escabeaux; aux murs des planches où étaient suspendues les pièces de la batterie de cuisine, toujours entretenues dans un état de propreté irréprochable, les cuivres brillants, les étains bien frottés; au plafond des planches pour le pain, des crocs pour le lard et les jambons; au manteau de la cheminée, un Christ, parfois une image de piété complétaient l'ameublement de cette pièce, qui était le véritable sanctuaire de la famille.

Au-dessous du rez-de-chaussée s'étendaient le plus souvent plusieurs étages de caves : l'étage supérieur, parfois très élevé, était en général maçonné et voûté ; il présente encore, dans beaucoup de maisons de la vieille ville, des voûtes ogivales et des piliers carrés ou octogones. Il paraît avoir servi de dépôt de marchandises, parfois même d'atelier pour certaines professions, notamment pour celles qui mettaient en œuvre les métaux, pour l'industrie du tissage et pour plusieurs autres. Les galeries des étages inférieurs sont taillées dans le tuf et n'ont guère plus de deux mètres de hauteur sous voûte. Presque toutes les maisons communiquaient entr'elles par ces souterrains qui, certainement, ont eu une autre destination que l'emmagasinage des vins récoltés dans les environs — la banlieue de la ville a été, jusqu'à la fin du 17e siècle, plantée presque complètement en vignes ; on n'en trouve plus pour ainsi dire un seul pied aujourd'hui. — On s'accorde à penser qu'à Limoges, comme dans beaucoup d'autres anciennes cités, ces immenses souterrains étaient utilisés pour la défense de la ville : nous avouons n'avoir jamais pu bien comprendre de quelle façon.

Vers le milieu du siècle dernier, il n'y avait encore que très peu de maisons avec des fenêtres garnies de carreaux de vitre. Presque partout la croisée conservait ses lourds vanteaux et ses réseaux de plomb, garnis de petits morceaux de verre, de forme ronde, hexagonale ou en losange. Les vitraux peints n'étaient pas rares. Presque tous remontaient au XVIe siècle et à la première moitié du XVIIe. Quelques-uns accusaient une date plus ancienne. On en connaît de fort curieux rues du Temple et du Collège. — Les tapisseries devinrent assez communes au XVIIe siècle.

La plupart des maisons étaient élevées de deux étages sur rez-de-chaussée. Il est facile de constater que, dans toutes les vieilles constructions qui en comptent trois, le dernier a été ajouté à une date très postérieure. Ces étages étaient en général, à ce qu'il semble, plus élevés que ceux des habitations modernes. Les pièces étaient vastes, peu nombreuses, garnies de fort peu de meubles, solides et massifs, qu'on renouvelait rarement. Dans le curieux livre que nous avons déjà cité, M. Juge dépeint ces lits dont le dossier, le ciel, les amples rideaux et la courte-pointe étaient de même étoffe de couleur foncée, ces grandes armoires de noyer ou de chêne, où s'entassaient d'énormes provisions de linge, ces tables massives sur lesquelles, dans les maisons aisées, on jetait un vieux tapis de Turquie, ces coffres de bois, parfois recouverts de cuir, et ornés de clous dorés. Le même auteur cite un de ses voisins, M. Lafosse, qui, âgé de quatre-vingt-trois ans, ne possédait pas d'autres meubles que ceux qui venaient de son père ; or ce dernier, mort presque centenaire, n'avait pas, durant toute sa vie, ajouté un seul objet nouveau au mobilier de ses ancêtres. Et ce n'était point là une exception.

Quelques émaux: bénitiers ou petits tableaux, souvenirs d'un art qui avait fait, au XVI° siècle, la gloire de Limoges, ornaient encore, au commencement de celui-ci, les deux côtés de la glace ou du panneau peint qui surmontait la cheminée, dans la chambre du père de famille. On n'en trouve presque plus aujourd'hui.

L'orfévrerie, qui était en honneur à Limoges dès les temps mérovingiens, avait surtout produit des œuvres destinées à l'ornementation des églises et aux cérémonies du culte. Sauf des aiguières, des plateaux, des coupes et des tasses d'argent, que mentionnent de loin en loin quelques inventaires, elle semble avoir peu contribué au luxe de la société laïque Limousine, de la bourgeoisie tout au moins. Vers le milieu du 18° siècle, il n'y avait pas à Limoges, au rapport de M. Juge, soixante maisons possédant de l'argenterie de table.

Le mobilier, on l'a vu par un témoignage rapporté plus haut, s'était peu modifié durant les cent années qui avaient précédé la Révolution. Il n'y a aucune différence entre les meubles que décrit l'auteur des *Changements dans les mœurs des habitants de Limoges* et ceux que nous trouvons mentionnés dans les testaments et les inventaires du milieu du 17e siècle, dans le testament,par exemple, de Galiane Du Boys, veuve de Pierre Guibert, marchand (15 septembre 1661).Ecoutez plutôt cette énumération : — Deux « licts garnys, couette, couverte, cussin,chaslict,avec garniture de Bergame,couans pareilhs aux dicts ; un «coffre de noyer» ; une « garde robe de sarge de Rouen », une « devantière »,deux « armoires à quatre portes », une « paire de landiers de fonte », une « paire de landiers de fer avec deux pommes de fonte », deux « fusts de pippes cerclés chacun de quatre cercles de fer », six « assiettes »,six « escuelles »,et six « plats d'étain », etc., etc.

Tel les actes des 17e et 18e siècles nous représentent l'intérieur d'une maison bourgeoise, tel à peu près nous le montrent trois cents, quatre cents ans plus tôt, les vieux titres de nos archives. Ce sont des bahuts de toute dimension, des coffres de bois, souvent garnis de fer ou de cuir, d'autres à deux fins, servant d'armoire et de siège, des bancs, des escabeaux, des chaises, des tables, des paniers, des cuves pour le vin, des tonneaux de diverses grandeurs, des écuelles, des cruches et des pots en terre, des conches ou bassins et des casseroles de cuivre, des mesures pour les liquides et pour les grains, des pintes et des « chopines » en étain ; des bols, des plats, des assiettes, des soucoupes, de menus objets du même métal ; des landiers, des trépieds, des broches, des ustensiles en fer. Quelques désignations indiquent, dès le 13° siècle, certains raffinements culinaires : on trouve dans les inventaires, des braisières, des lèche-frites, etc. Sauf ces derniers objets, que nous n'avons rencontrés que dans deux ou trois pièces, tout le reste est identique, chez le pauvre et chez le riche, chez l'artisan qu'on désigne par sa profession et chez le marchand de draps, l'homme de loi, l'homme de finance dont le nom n'est le plus souvent accompagné que du titre de bourgeois. Dans les maisons aisées, il y a un plus grand nombre de pièces, de couvertures, fourrées ou ordinaires, de draps, de nappes, de serviettes ou d'essuie-mains — *manutergia* : on en trouve dès le 14° siècle — les lits sont plus richement garnis ; les ajustements des femmes plus précieux et plus compliqués ; mais la composition essentielle du mobilier ne varie guère et l'énumération des objets est pour ainsi dire toujours la même.

XV

Aux 11° et 12° siècles, les vêtements de la bourgeoisie étaient fort simples. Les peaux de moutons et d'agneaux devaient être les seuls ornements des robes ou gonelles, des tuniques et des manteaux de grosse étoffe que portaient les habitants de Limoges. La Chronique de Vigeois note cependant que, dès la fin du 12° siècle, le luxe des habillements, dès lors porté très loin par les nobles, commençait à être imité par les bourgeois ; les paysans eux-mêmes, à l'exemple des seigneurs, rasaient leur barbe et portaient les cheveux courts. Les longues queues des robes des femmes, leurs coiffures, leurs ajustements, leurs bijoux, étaient l'objet des anathèmes, des orateurs sacrés et des quolibets des poëtes satiriques. Le costume des bourgeoises de Limoges prêtait, paraît-il, à la critique, et vers 1233, elles le modifièrent à la suite des prédications de Saint-Antoine de Padoue ; elles renoncèrent aux robes qui dessinaient les formes et aux corsages qui laissaient voir la poitrine et les bras pour adopter des vêtements plus amples et notamment le chaperon qui couvrait la tête et les épaules. A en croire certains auteurs, les dames limousines abandonnèrent cet austère costume dès 1420, à la prière du galant prince qui devait être Charles VII. D'après le Père B. de Saint-Amable, toutefois, elles l'auraient conservé jusqu'en 1617 et même au delà. Dans *l'Ulysse François*, Louis Coulon rapporte que les femmes de Limoges sont habillées d'une façon *grotesque*, et Golnitz assure que l'accoutrement des jeunes filles est d'apparence si antique qu'il parait remonter à l'origine de la cité ; ce dernier ajoute un détail caractéristique : « Une dame de Paris ou d'une autre ville plus élégante vient-elle habiter ici ? si elle ne laisse son costume pour se vêtir à la mode de Limoges, elle sera considérée comme une personne de peu et une femme de mœurs suspecte. » — Les robes droites à longues manches, les manteaux à capuchon ou *mantes* dont les paysannes se servent encore et qui enveloppent toute entière celle qui les porte, demeurèrent longtemps en usage, et quoique les bourgeoises de Limoges se fussent enfin décidées à adopter les modes Françaises, elles ne les suivaient que de fort loin. Dès le 15° siècle d'ailleurs le luxe des accoutrements fait son apparition et au 16° il tend à se répandre, en dépit des malheurs de l'époque. Le clergé et les mœurs réagissent contre ces innovations. Sous Louis XIII néanmoins les ornements d'or et d'argent sont devenus communs et on voit les dames de moyenne condition se parer de « bracelets, cordons de perles, chaînes et ceintures. » Les bijoux ont été de tout temps d'un usage fort rare à Limoges. Nous n'en avons trouvé mention que dans quatre ou cinq testaments (1) antérieurs au XVI° siècle, et, sur une dizaine de jeunes filles mariées entre 1350 et 1450 dont le livre de raison des Benoist énumère la dot, une seule, Valérie Benoist, a reçu un bijou : un collier de perles fines avec une agrafe. Des règlements somptuaires très rigoureux avaient au surplus défendu, dès 1253, que les femmes portassent des robes à traîne. D'autres, des XIV° et XV° siècles, avaient fixé la valeur que ne pourraient dépasser la ceinture, l'agrafe, l'aumonière de la mariée, et son collier. Tous ces objets ne devaient pas coûter plus de 60 sols en tout, c'est-à-dire de trente ou trente cinq francs de monnaie de cette époque : moins de deux cents francs d'aujourd'hui.

En somme, le luxe des vêtements n'avait pas fait de très grands progrès au dernier siècle.

(1) Il s'agit ici de testaments de bourgeois seulement, bien entendu.

Nos bourgeois, il y a cent ou cent cinquante ans, ne dépensaient presque rien pour leur toilette, Tout au plus les mères de famille mettaient-elles quelque vanité à ce que les robes du trousseau de leur fille excitassent l'admiration et la jalousie des amies et des voisines. Ces belles robes brochées, dont quelques-unes sont encore conservées dans les vieilles familles, étaient, au bout de peu de temps, transformées en rideaux et en dessus de lit, quand elles n'étaient pas — ce qui arrivait le plus souvent — utilisées pour l'ornement d'une église ou d'une chapelle.

Hommes et femmes, au commencement de notre siècle, étaient encore chaussés de sabots, ou tout au moins de galoches, pendant la plus grande partie de l'année. Avant la Révolution, peu de bourgeois portaient des boucles d'argent à leurs souliers de cérémonie. Un jabot avec des manchettes de dentelle étaient le seul luxe que se permissent les plus riches aux grands jours.

Aux dîners d'apparat seulement, nos ancêtres, oubliant leurs habitudes d'économie, ne ménageaient ni leur bourse ni l'estomac de leurs convives. De tout temps, les grands repas avaient été à Limoges l'occasion de dépenses considérables, Le luxe de la table fut même, s'il faut accorder créance aux registres du Consulat, la cause de la ruine de plusieurs bonnes maisons. C'était surtout la réforme de cette déplorable habitude que visaient les ordonnances somptuaires édictées aux XIII, XIV et XVe siècles. Les magistrats avaient interdit certains repas qu'il était dans l'usage de donner lors des fiançailles et des mariages, réduit aux plus modestes proportions le banquet des noces, défendu que les baptêmes et les visites aux nouvelles accouchées fussent le prétexte de collations et de divertissements etc., etc. La réforme sur cet article n'avait jamais été complète, même au seizième siècle, quoiqu'en disent les voyageurs.

En dehors de ces repas, où il y avait beaucoup plus d'abondance que de délicatesse, le régime ordinaire du bourgeois était, sinon frugal — on a toujours eu bon appétit à Limoges et certains proverbes l'attestent — du moins fort simple et peu recherché. On ne but guère, jusqu'au quinzième siècle, que le vin du pays lequel, dit-on, se conservait assez difficilement. On faisait aussi usage de cidre et d'une espèce de bière ; mais le siècle dernier seulement, vit s'installer des brasseries dans de bonnes conditions. Les vins du Périgord, auxquels s'ajoutèrent bientôt ceux du Bordelais, furent d'assez bonne heure importés à Limoges et fort appréciés. On mangeait d'ordinaire du pain fait de froment et de seigle mélangés. Toutefo s le pain de froment n'était pas d'un usage bien rare et les bourgeois en consommaient dès le treizième siècle. Le poisson abondant de nos rivières, la volaille, les œufs, la viande de mouton et de porc, formaient, avec les châtaignes et un petit nombre de légumes : les raves et les haricots notamment, le fond de l'alimentation. Dès le douzième siècle, on trouve mention de quelques friandises, de quelques gâteaux : les flans, les oublies, les cornues, les croquants, etc. A l'époque de la Révolution, dans toutes les familles, on mangeait régulièrement la soupe le matin ; à midi on dînait et on soupait à six heures. La composition de ces deux repas était à peu près la même dans toutes les maisons et chaque semaine recommençait invariablement la série des mêmes menus.

Un dernier trait pour achever notre esquisse. Tous les habitants de Limoges parlaient patois et on n'employa guère jusqu'à la Révolution, le français dans l'intérieur de la famille, bien qu'il fût devenu, depuis le seizième siècle, la langue officielle et celle des affaires. Aujourd'hui notre vieil idiome populaire, fort dégénéré d'ailleurs, n'est plus d'un usage courant dans les faubourgs de la ville. Les domestiques, même à leur arrivée de la campagne, tant bien que mal parlent le français. Il y a une trentaine d'années encore, un étranger eût pu se promener toute la matinée sur le principal marché de Limoges, la place des Bancs, sans comprendre un seul mot de ce qui se disait autour de lui. Il n'en est plus de même à présent. Toutefois les marchandes — l'observateur peut aisément le constater — ont gardé une prédilection marquée pour l'ancienne langue et font une grande différence entre les acheteuses qui leur adressent la parole en bon patois et les dames auxquelles il leur faut répondre en français.

FIN

LIMOGES IMP. NOUVELLE. — L. BOYER.

www.ingramcontent.com/pod-product-compliance
Lightning Source LLC
LaVergne TN
LVHW010044230826
846091LV00005B/1855

* 9 7 8 2 0 1 3 4 5 6 0 1 2 *